바람의
길목에서

최 인 호 시집

교음사

· 최인호 시집

· 차례

첫째 꼭지 **고요**

둘째 꼭지

바람의 길목에서

셋째 꼭지 다리

넷째 꼭지 가슴 작은이를 위하여

첫째 꼭지

고 요

눈

눈으로 맞는 새해
펄펄 아우성
달빛 별빛 머금은
천둥번개 가루들

네 집은 큰산 큰그늘
별빛 따라 어둠 따라
바람 따라 놀더니
오늘은 누항 저잣거리에서
몸을 푸는구나

멈춘 도시 갇힌 마을
백 년 만의 재앙이라
눈 치우라 길 열라 닦달이지만
어디 이 땅에서
하릴없고 하염없음 겪기 쉬운가
눈길 따라 걷다 오늘
그리던 임을 보네

즈믄해 그윽한 눈길
고운 말씀 고운 얼굴
꽃솜이라 했던가

겨울

늘 가는 소리 나지만
서슬 뿜으며
남녘으로 기운 햇살로
머물러 있음을
보느니

앙칼진 아침
너그러운 햇살 비칠 때
떠나지 못하던 임이
떠남을 보누나
떠나지 못함으로
떠나감을

삼월

삼월밤이 제낮으로 못 새고
저녁으로 지새누나
뭇별 눈발로 밀치며
저녁이 새벽을 낳고
하얗게 차려낸 눈잔치 아침상

뜬눈으로
아침 거리에 서면
눈길 끝나는 언덕 저편
아우성으로 몰려오는
사월
저 시리디시린 봄날

봄날

악동들 어울려 매화 보러 가자니
산청땅 남살 선돌
시천삼장 두물머리
이름도 거룩해라
원정 정당 남명매라*

산천을 찌고 얼려 피워냈다 카더만**
옛 임 생각 겹이 나 먼눈으로 보았더니
제 일찍 피는 속내 알만도 하데
뭇 사람 갖은 성화 차마 못 이겨

꽃구경 갔다가 앞뒷산 하늘 보고
매화향기 흔들라 동무들 서둘러***
산중 술 옻닭 안주
얼굴마다 술꽃 피워
봄날은 간다 니나노터니

*산청 삼매(三梅)라 일컫는 원정공 하즙(1303~1380), 통정공 강회백(벼슬, 정당문학 1357~1402), 남명 조식(1501~1572) 선생 들이 심었다는 매화나무. **정봉효 님의 「산천재 남명매」 중 "산천을 찌고 얼린 향기 우려 희다오"를 뒤침.

딴맘

하룻날 임 뵙고
고운 말씀 한잔 술
봄 이별 원 없더니

걸어서 뵈올 거리
달포 넘게 거르고서
얼굴 뵙는 것만도
복에 겹다 외더니

돌아보니 헛다짐
이제사 깨치네
자주 못 뵈옴은
딴맘 먹는 까닭임을

하나 주면 둘 달라는
아이버릇 따로 없어
애오라지 그런 사달
임이 알아주소서

봄 호사

올봄은 드물게 호사로워
어머니 곁에 모셔
산청 하동 다압 매화 구경
다가가서 만져보고
멀리 서면 안개꽃
산자락 물기슭
매화천지 꽃구름
수십 년 꽃주림
이 봄에 다 풀어

기음과 씨름하다
땀 흘려 사람답고
착한 벗, 맑센 선배
두렵고 버겁기도
하늘 가신 빈자리
허허롤 것 없다시는 어른들
이런 호사 어디 또 견주리

투구 낀 날

비갠 아침나절
앞뒷산 물러앉고 햇살 흐려
온산천 흙비

들도 바다도
고을도 두메도
괭이 놓고 그물 놓고
푸줏간 도갓집
비곗살에 막걸리

비오는 날 술추렴
투구낀 날 고기추렴

*투구는 토우(土雨)의 중국 현지 발음인데, 오래전부터 우리나라에도 불어와 괴롭히던 흙먼지여서 우리식 한자로 읽지 않고 예부터 '먹물'들이 소리 그대로 들여와 썼다.

오월

작약 몇 그루면
오월을 난다

건넛산 저 꽃들
피고 지고 피고 지고서야
속으로 가둔 꽃봉오리
마침내 벌어지니

작약 몇 송이면
오월이 푸지다

지고나면 여름내
장미꽃이 벌리라

아침 해

동향집은 아침이 이르다
청마루를 지나 안방까지 비추니
늦잠도 미안하다
국사봉 어깨까지 갔던 해가
정수리로 올랐다

여름이 간다
장마와 바람과 더위도
북으로 기우는 땅과 함께

해야
국사봉에서 망두봉을 오가며
아침잠 깨우는
우리들의 만남이
나의 게으름으로 어긋나지 않기를
게으름으로 어긋나도
웃어주시기를

원지에서

양천 경호 두물머리 갈아 탈 역마도 많아
길 위에서 서성이다 냇물더러 길을 묻네

사통팔달 길 두고서 뉘더러 길을 물어
밀리고 부서지며 흘러갈 뿐이어든
우리가 흘러가면 무슨 물 되겠는지

대평 한들 너우니 덕천물 만나고서
몸 한번 풀 새 없이 이 마을 저 동네
부엌으로 식탁으로
못되어도 진주 남강 푸른물 되시겠네

역마을 정겨운 건 역마살 까닭인가
산그늘 물거울
합수머리 길을 묻다
복새가 진다

*원지(院旨):산청군 신안면 소재지.

오월 소견

- 하나

산골짝 훑어내린 바람에
나뭇잎들 배때기 뒤집히더니
바람 잘 머리 아카시아꽃잎
시나브로 진다

지난해 이맘때부터 마을엔
다섯 늙은 사내들이 불려가고
열매 빠진 콩깍지 같은
홀몸 할미들이 일곱으로 불어났다

어찌 저들 홀로 남기는
오월이더냐

- 둘

보아라
푸나무들 세상
대나무 소나무 늘푸른나무들은
새로 난 잎새들 사이로
물색 잃고 숨는구나

온갖 푸들거리는 나무들 낱낱
저들 어우러진 산빛깔
말로 그려내기 어려워할 제

산기슭 칙칙한 그늘 사이
흩날리는 황토먼지 보고서야
아하, 송홧가루 날리누나
거기 솔숲이 있었구나

하룻밤에도 한길을 자라는 죽순
햇살 드는 대숲길 걸어야
맹종의* 울음소리 들리누나

*겨울에 어미 먹일 죽순을 찾아 헤맸다던 오나라 때 사람. 중국 강남은 본디 물 많고 따뜻한 곳이라 겨울이라도 죽순 구하기가 그렇게 어렵지는 않았을터.

옥산 활터

정수고개 두갈랫길 길이 길을 가다
백토고개 이명 금오 바닷물길 막았으나
봄여름은 못 막으셔

동남녘 올망졸망
세종단종 태실에 동학옛터 구시렁산
덕천 경호 두물머리 진양호 넘고 걸어
복되어라 이땅 사람 목마름을 모르누나

옥산이 어디멘가 백두대간 막내로다
사림 정개 두방 우방 진서오악 어깨걷고
골골실실 어진 사람 저마다 곧은 기개
때맞아 가을겨울 노녘으로 뫼시네

이보소 벗님네들
물기슭 산자락 논밭갈이 쉬는 사이
옥산정 언덕바지 달구름 과녁 걸어
시위 다려 보시게나

세월 버텨 되돌리는 그 보람은 어떠리

홍심 맞혀 양심 깨우고 흑심 쏘아 욕심 삭이니
불던 바람 멈추고 열구름도 쉬어가네
세상사 수상커들랑 그 또한 살받이라

*옥산(玉山)은 하동 옥종에 있는 산인데 그 기슭에 활터 옥산정이 있으며, 정수고개 백토고개는 지리산 삼신봉에서 갈려나와 하동, 진주, 사천, 고성, 마산, 창원, 김해, 거제로 이어지는 낙남정맥의 첫 고개인데, 이 정맥은 남강을 남해가 아닌 동쪽으로 흘려보내 낙동강과 만나게 한다. 덕천 경호는 지리산 백운산에서 나와 남강으로 이어지는 강이다. 이명은 하동 진교 뒷산, 금오는 노량에 발뿌리를 디민 큰산이다. '진서오악'은 진주 서쪽의 다섯 큰 봉우리란 뜻인데, 옥산, 사림산, 정개산, 두방산, 우방산 다섯을 가리킨다.

강정에서

엊그제
황톳물 닥쳐굴러
여름이더니

들국화 달맞이 비수리꽃 손짓하는
여기 강나루 강정모퉁이
진배밋가 쪽빛 덕천

이윽고
카랑한 여울소리 듣겠구나
새벽이면
물안개 머리 풀어
하늘 오르고
밤이면
별달 쐬어 온몸 얼리는
겨울강 되겠구나

내 이제

다리 아래
하릴없는 나룻배
바람 따라 흔들리는

*강정(江亭)은 옥종 거대골 뒷산자락이 덕천강을 만나는 벼랑에 있었는데, 지금은 임천대라는 이름으로 바꾸어 새로 지었다. 진배미는 강정 건너편으로, 이순신이 정유재란 당시 백의종군 길을 마감한 터전이다.

금대암에서*

젊은 날
말술에 돝고기 걸머메고 절집 들어
밤샘추렴이 가당턴가
비바람 천둥번개 산을 찢고 골을 갈라

오늘 예 다시 서니
보살도 고시생도 가뭇없고
구상나무만 검푸르네

그날 밤 숱한 벼락 어이 날 비꼈던고
돌아보면 실없는 삶, 그도 죄스러워
저 건너 큰산 그늘 마주 보기 어려워라

*함양 마천 금대산에 있는 절.

딸기 농사

쇠파이프 휘어 앉힌
비닐집 사이
자전거도 트럭도 졸음겹다
얼기설기 전깃줄에 약물통
농장 곧 공장이라
올해는 제품도 수량도
반타작이라
덕천강 기슭 무시골도 원당들도
황사징이 아우내 들판도
잘 짓는 이나 못 짓는 이나
날씨 탓가 거름 탓, 종자 탓가
예는 수박, 제는 토마토
반동강 딸기 벌이
벌충 궁리 시끄러운 속에
봄날만 무르익어

산천재

남명 살던 덕산 덕천변 산천재
산청 사람들 '선비 대학' 베풀었네
오월 달밤 늙은 학동 모여 글 읽더니
글방 마당은 서당개들 놀이터
읽던 맹자보다 산골 땅값 얘기
그래도 오늘은
상갓집돌이 낭군 뒤 밟는 처첩 얘기가
남이야기 같잖은 날이라며
밤을 도와 뿔뿔이 집으로 가는 길
길 위의 어여쁜 길
어디선가 성성자 쇠방울소리

둘째 꼭지

바람의 길목에서

바람

저 푸른 하늘 아래
네 살아 있다는 것만으로
가슴 설레더니

하룻날 바람되어
그대 마을 들머리
먼눈으로 스쳐가느니

하느님은 잘 계신가
그대 손 모아 무얼 비시는가

날 저무니
바람도 자야 하리
달님 내리는 저 물기슭 어디짬에서

바람의 길목에서

1.
저는 가만 있고자 하나
저들이 가만 두지 않는다며
불어오는 바람에 몸 맡기더니
저 산 저 바다도
몸 맡길 뿐이더니

바람길에 늘어앉은
마을 좀 보아
이곳저곳 길 틔워
옹기종기 들어앉은
저 마을들 좀 보아

햇살과 속삭이던
풀잎이며 잎새들
예저기
고개드는 모습을

저 사람 가만히 앉아
눈 깜빡여 하늘 보고 물 보며
무얼하고 있는지

마을마다 저녁 연기
창문마다 불빛 사이
잦아드는 바람을

바람 잘 때사
바람되어 불어가는
저 나무 저 마을 저 사람들

2.
얼음산 불바다
사막길은 어떻던가

그대 먼길
바람되어 와 닿은
이땅 어디쯤에서
돌아보라
다시 바람되어 불어살 네
짚을 때까지

새들도 깃 접는 저녁머리

먼저 온 바람들
머문 자리에서
꽃과 나무로 피어있는 너를 보리라

바람아
한번 잠들면 다시 볼 수 없나니
밤엔 숱한 별
꽃저자를 이루고
아침에야
갓 닿은 바람 몇 가닥
치맛자락 펄럭이며
산모롱이 돌아가느니

바람의 집

오늘이 오늘 같지 않은
꿈에 만날까
말할까
손잡고 가뭇없이
저 가을로 들어갈까
가면 영 나올 수 없는
거울 속으로
그 안에서
집 짓고 깃 접고
살아갈까
바람의 집
스스로 지어
뒤에 올 이들 기다릴까
저들 쉬고 잠들게 할까

꽃그늘

먼산 모퉁이
아지랑이 남기며
꽃샘추위 가뭇없더니

산그늘 응달에도 목련 벌고
길섶 벚나무 구름꽃 서린 며칠

연뿌리 파다가 이마 따가워
꽃그늘 드는 며칠

땀 훔치며 허리펴 막걸리 고시레

딸네 집

오동꽃 필 머리 풋바심도 이른 철
보릿고개 시집살이, 아비 보고 하는 말
아부지요, 오는 질가 오동꽃 안 폈디요

오동꽃 필 머리
시집살이 어떤가 딸년 보러 갔더니
반가움이 타박이라

활꾼들 밤재 너머 개장국집 나들이
재 넘어 가는 길 오동꽃 한창이네

딸네야 아비야 보릿고개 옛말이라
밥걱정 없는 요즘 무슨 꽃 무슨 원망
찾아 울꺼나

새핼랑

묵은 해 아쉬우나 오는 해 마다하리
숱한 해 별렀으니 올핼랑 뵈어야지
참고 또 벼른다 한들 흰머리만 느느니

저 푸른 하늘 아래 착하게만 사는 이들
그리다 스러지고 설레다 잦아드는
설운 일 나몰라라 하고 남는 보람 뭐리요

만남 곧 섬기는 일 그게 그리 어려울까
다짐 같은 무슨 말 쉬 해서는 안 될 말
그래도 뵈어야 하리 탁배기 한 사발로

새판 짜기

설 잘 쇠셨는지요
떡국 먹고 나이 먹기는 쉬우나 어른 되기는 어렵고
아이들 절 받기도 서투른데,
게으름 끝에 문안 올립니다.

산으로 들로 바다로
해맞이 달맞이들은 하셨는지요.
그런 것 부질없다 비웃지 말 걸 그랬습니다.
부지런히 달려가
해님 달님 우러러 소원 비는 이들
어디 착하지 않은 사람 있으리까.
마음이 간절한데 어찌 이뤄지지 않으리까.

저는 어느 후미진 산기슭에서
해를 갈았습니다.
해갈이를 하고나니
판짜기 판갈이 생각이 납니다.
선거판 굿판 씨름판 온갖 판 벌이는 해라

판짜기 한번 멋지게 하고
판갈이 한번 때맞춰 하는
한해가 되었으면 합니다.

저마다 계신 곳에서
숨지 마시고 나서시어
이 땅 이 겨레 길이 살릴
판짜기 판갈이를.

칠불암에서

겹겹 산 좁은 하늘 바람조차 먼
구름 밖 절집 있어 칠불암이라

일곱 왕자 나라 떠나 부처되신 곳
김해땅 금관가야 엔간히 시끄러웠기
배 띄우고 말 달려 예까지 이르셨나

산죽 열매 탁발하고 물 마시며 성불이라
어미나라 아유타 아비나라 가락국
이도저도 아니라 지리산중이 무던턴가

반야봉 일곱 부처 어디 계신고
뭇부리로 계시는가 바람으로 계신가
그 세월 두 즈믄해 눈 깜짝할 사이
오늘도 시집온 허황옥님 적잖아
코시안* 아들딸 칠불님 환생인가
오라비 장유보옥 선사라 했으니
이땅 석가 자취 개중 이르거늘

역사는 무심하고 기록은 허술해라

돌아보면 그런 아비 저런 어미
난리 태평 할 것 없이 한둘 아니어
이보소 동포님들 칠불암 예 있으니
살아 고되거든
옛님 자취 부디 읽소.

*하동 화개 쪽 지리산 반야봉 기슭 칠불암은 가락국 수로왕 일곱 왕자가 성불했다는 곳인데, 육이오 때 불탔다가 지금은 주지 통광이 중창하여 이름을 칠불사로 바꿨다. *'코시안'(코리안+아시안)이란 말이 뭣하나 마땅히 달리 부를 말이 없어 실례한다.

품값

곡우머리 찻잎금 좋다기
안팎이 반나절 딴 찻잎 500그램
부랴부랴 농협 공판장으로
전표엔 500그램 5만5000원
둘이서 세 시간이면 한나절
내 몫이 2만7500원
한 시간에 4600원,

둘째 날 한나절
달래 캐어 시장으로.
모두 12킬로, 킬로에 3000원
다른 이는 3만5000원에 사겠다고.
이태 걸린 달래 농사
둘이서 한나절 3만5000원,
시간당 4400원
땅, 품, 밑천이 생산의 삼요소랬나
땅과 밑천이야 제쳐두고
시급 최저임금에도 못 미치는

제가 제 물건 값도 못 부르는
우리 농사

*섬진강가 다압에 사는 귀농인 이태균 님 얘기. 2015년 시간당 최저 임금 5580원.

아침

너를 보아도 될까
오늘도
마음 썰어 국 끓일까

너의 소금 너의 간장
너의 국거리
너의 국자

웬일로 새벽잠
뜨물에 보리쌀 앉어
밥짓는
네 모습 떠올라

모래성

1.
노녘은 굶어도 핵무기 엄포,
서울은 무시로 불바다 잿더미
덜된 부품 불량 운전 새로 짓고 고쳐 돌려
원전 수십기, 핵폭탄 안고 지고
공갈 불안에 고황된 면역
그러고도 흥청망청,
마녘 사람들 그리 사누나

고리서 창녕까지
낙동정맥 갈매기 후벼
765킬로볼트 윙윙 철탑이 울고
날 좀 보소 날 좀 보소
밀양 아씨가 우네
지아비는 보도연맹
자식놈은 월남 참전
살아 욕될 일밖에,
홀로 남은 할미가*

2.

자무협정 좋을씨고
그냥 둬도 골로갈 이들
지레 밟아 뭉개고
물비료 영양액에 비닐집 딸기사
붉디붉게 물러터지는데
벼논 구경 어려우니
보또랑물 갈 데 없어

오늘도 항군 아낙 서명지 돌려
이땅 불놀이판 돼도
제 나라 제 군대 제가 못 부리고
양키 맡겨 안심이라네,
전시 작전 통제권
육십년 넘겨서야 되찾으려더니
오년만 십년만
제발 좀 더
대통령에 선량에 아낙네까지
조아려 매달리는,
저들 필요없다는데

3.

무역대국 열손가락,
국방비는 노마가 일조 대 삼십오조*
어디다 까먹는지
돈으로도 안 되는 것 있네
저들은 일본 재무장이면
동북아 힘겨룸에 돈 덜 든다
두 손 들고 손뼉인데
저들 가면 이땅
왜에 맡겨, 되에 맡겨?

4.

사월 팽목 저 맹골 물살 뭇 목숨 믿음째로 삼킬 때 뉘라 하늘과 바다 원망하던가 다만 사람탓이어서, 가라앉는 배 바라보며 온나라 넋을 놓더니, 그날도 누구는 달구름 겨냥하며 활을 보내고, 누구는 배 빠진다 빠졌다 유무선 보고를 했다지만, 그가 어디서 무얼 했든 궁금해 마라, 낯짝 부끄러운 건 잠깐이요 그대 안마당 곧 천길 벼랑이라, 이제 섣달 보름 달빛 젖은 저 물기

슮 모래알들, 저들 햇살과 바람과 함께 찌고 얼리기를, 또는 저마다 스스로 엉기고 갈리다 찧기고 까불려 다 국적 고방에 갈무리되기를!*

*밀양 상동 김말해 님. *노마는 북남을 가리키며, 수치는 2012년 겉으로 드러난 국방비 액수다.
*그날이 2014년 4월 16일이던가.

겨울잠

그날 그 외침 하늘에는 사무쳤는가
멧기슭 얼다 녹다 시린 꽃잎 피우고
기울던 햇살도 고개 세워 비치는데
사람 잡는 권력은 귀 닫아 말이 없네
그대는* 여직 깜깜한 겨울잠
노녘은 수폭 불장난에 인공별을 날리고
마녘은 부산포로 미제 핵고래를 끌어들였다
그래도 깨어나 다시 외치라 할까
마른갈이 기다리는 들녘
때이른 물갈이라도 해보자
캡사이신 물대포엔 값싼 쌀대포로 맞서보자
어서 일어나시라 할까

*2015년 11월 14일 서울광장 민중궐기대회에서 경찰의 물대포를 맞아 쓰러진 보성 사람 백남기 님.

문안

김씨 세습 비웃던 일이
웃음거리가 되고 말았군요.
남북이 닮은꼴인 걸 확인하는 데
치른 값이 참 비쌉니다.

귀족이며 부자로 산 적 없는데
탈영(脫營)과 실정(失精)을 앓는 이 적잖으니
웬일입니까.
천왕보심단 청심보혈탕
알약이나 탕약으로 듣는다면
얼마나 좋으리까.

당장이야 삼동 밤하늘
시린 눈길로 별님만 바랄 뿐인
저런 이웃들 힘 받을
굿판이라도 좀 열어주시길.
선거판 임자 따로 있으리까만
아무래도 정권 나팔수에 주구들

언론광대 어용 종편들 방종도
손 좀 봐야겠습디다.

그러구러
낙남정맥 고개 넘는 바람결이
한결 부드러워졌습니다.
혹독한 추위 이겨내신 만큼
좋은 봄 맞으시길
이제 또 저 물기슭 산자락마다
판갈이 채비에 바빠질 터입니다.
부디 강녕하시어
뵈올 날 있기를.

*탈영(脫營)과 실정(失精)이란 몸에서 신이나 정기(=神精)가 빠져나가 앓는 마음병을 한의학에서 일컫는 말이며, 천왕보심단 청심보혈탕은 그 약방문들입니다. 낙남정맥은 지리산 자락 옥산에서 남강과 낙동강을 남해 아닌 동쪽으로 흐르게 하며 김해 쪽에 가닿는 남녘의 마지막 산줄기를 이릅니다.

발꾸미*

갯내음 헛헛하면
이명산 너머 민다리 지나
술상 발꾸미로 간다

갯머리 뻘밭 메운
활터도 좋더라만
통통배 얻어타고 어기여차
칠파실 전어잡이

저기는 노량 이쪽은 서포
물빛 흐리고 갯바람 후끈
왜 명 조 전어란 다 모였는가
살아서 썰리고 통소금에 굽히는
전어 생각나면 발꾸미로 가라

거기 가면
보이느니 집 난 아낙들
배 따고 비늘 치는
발꾸미 여름

*발꾸미는 하동군 진교 바닷가에 있는 마을이며, '왜 명 조'란 임진 정유란 때 이곳 발꾸미 앞바다와 사천, 노량 해전 끝에 수장되어 고깃밥이 된 세 나라 수군들의 숱한 주검을 일컫는다.

풍천원楓川原

1

이땅 온전한 터 어디료
어둔 바람 들썩이는 벌판
물어보자 궁왕 대궐터
까막까치야
풍천벌이 울음벌이더냐
월하리 달물 맴도는 두루미야
동서로 경원선 남북으로 휴전선
저 벌판 거덜낸 임자 누구라더냐
물어보자
삼십리 바깥성에 안성이 이십리
곳곳에 탱크막이 토성들
지뢰 위에 지뢰
얼치기 폭탄 올가미들

2

도타운 병정 있어
편편한 세월의 무덤
저 짓은 숲머리 깎아주리
철삿줄 잉얼거리는 바람자락
풍년이되 느느니 빚이라
이 쌀 팔아 굶주리는 북녘인민 살리라
펄럭이는 농사꾼 펼침막
풍천벌 천석들이 종소리
도피안사 쇠북소리
철조비로자나불

*철원에 있는 옛 마진 태봉 도읍터.

고시랑당산에서*

1.
뒷사람이 어찌 앞사람의 넋을 부를 수 있으랴
넋을 불러 한풀이를 할 수 있으랴
제 맘 편하고자 하는 짓일 뿐
다만, 왜사람 불러 제 백성 무찌른 제
그 뒷대임이 부끄러우나
왜에 맞서 숨진 저 숱한 넋이야
어찌 뫼시어 기리지 않을 수 있으랴

2.
저녘으로 진주성 오십리
진서오악 아래 작은 산 부루뫼
덕천강은 예처럼 숱한 냇물 모아
멧기슭 적시며 예저기
숱한 무실 이루며 흐르누나
그 옛이름 부루뫼 고시랑당산

잿마루 걸터앉아 외로 보니

천왕봉 잔돌벌 노을도 붉어라
이냥 쇠스랑 삼발 죽창 거두어
저 보랏빛 그늘로 들까
보국안민 광제창생 외치나
벼슬아치 구실아치 주희당 유림들
무너질 것 앗길 것 많은 저들에게
우린 마냥 동비東匪요 비적匪賊일 뿐이라

3.
갑오년 저물어가는 11월
진주 접주 손은석 하동접주 여장협
영호대접주 김인배 오천도반
큰일 간다 큰일 가자 일어선 이들
진주목을 잡았으니 내처 부산포로 가자
가서 왜적 몰아내자던 이들
힘부쳐 예까지 물러선 이들
고시랑당산 잿마루
무너진 성가퀴 기대어

큰일 끝 실꾸리를 감는구나

이보게들 관군, 민포군에 청군
왜병마처 짓쳐들어
이땅 형세 이미 기울었나니
어버이 봉양에 내일 기약하려든
예서 그만 내려가 몸들 감추시게

그 무슨 말씀
같이 살고 같이 죽자 하였으니
저들 두고선 이땅 발뻗을 데 없으니
다 같이 싸우다 가자 싸우다 죽자
군사도 아닌 헐벗은 무지랭이들
저마다 외치더라
시천주조화정영세불망만사지

4.
김성룡 최기현 강오원 최몽원 들 이백에 가까운

도반들 주검조차 거두지 못한 채
끝내 남북으로 무리지어 흩어지네
일백여든여섯에서 열일곱만 확인될 뿐
숱한 주검 뉘 있어 거두려나
이십리 밖 솟을대문 많은 남사 골목
아침이면 배고파 숨진 주검들 즐비
저들 넋은 어찌할까
동비요 비적은 그렇게 잦아들고
청일전 노일전에
이 땅 이 바다 난리터로 내주고
오백년 사대, 설된 친일
마침내 나라마저 앗기네
오늘도 고시랑 고시랑
고시랑당산 고시랑 소리
시천주조화정영세불망만사지
어제를 잊었으니 내일이 있을쏘냐
고시랑당산 솔갈비 내리는 소리

*1894년 동학군과 관군의 전주 화약 뒤 김인배는 순천 선암사 일대에 영호도회소를 두고 영호대접주로 활동하고 있었는데, 진주를 비롯한 서부경남 인근의 동학도들과 더불어 그해 9월 17일(양력 10월 15일) 진주목을 피흘리지 않고 손에 넣었다. 김인배 호남군은 일주일가량 진주에서 머물다 당시 대구에 있던 영남토포사 지석영의 관군과 왜병이 진주로 닥치기 직전 섬진강 건너 여수 좌수영 쪽으로 철수한다. 관군과 청나라 출병에 뒤이어 부산과 마산으로 들어온 왜병(200명)에 밀려 남아 있던 진주 접주 손은석, 하동 접주 여장협을 비롯한 오천도반은 백곡과 수곡을 거쳐 현재 옥종 고시랑당산(고성산성)에서 저들과 맞서다(양력 11월 11일) 수백 명의 사상자(전사자 186명. 왜병 집계)를 내고 쫓겨 사방으로 흩어진다. 고시랑당산은 옥종 북평 뒷산인데, 동으로 덕천 건너 원당들판과 너우니를 건너면 진주성이요, 서남으로 정수역과 백토고개, 황토재를 넘으면 양보역과 하동, 구례로 통한다. 북으로는 종화, 백곡, 단성으로 통하는 곳에 자리 잡은 낮은 산이다. 진주 접주 전희순은 전사자로 사천 수접주 김성룡 등 18명의 신원을 확인한 기록이 있다.(천도교백년약사) 진주에서 먼저 철수했던 김인배 군은 전라 좌수영이 있는 여수와 광양에서 관군, 왜병과 전투를 벌이다 잡혀 참형을 받는다.

당시 조선 조정의 외무대신 김윤식은 진주에 주둔한 일개 왜병 소대장(스즈키 대위, 엔다 중위)에게 보낸 글에서 "동비들은 상놈, 천인, 종놈, 하급 구실아치, 몰락 양반 종자의 부랑분자일 따름이라. 저들은 외촌에 있는 동비들의 눈귀가 되어 관가의 동정을 모조리 알려주니, 외촌의 비도들을 누르자면 먼저 벼슬아치와 가까운 동비들을 없애고, 상놈과 천인 동비들을 도려내려면 먼저 몰락 양반들과 동비들을 제거해야 하며, 각 고을의 동비들을 없애려면 먼저 진주의 비도들을 제거해야 하고, 진주 동비들을 청소하려면 먼저 덕산의 동비들과 삼장 시천 청암 사월과 그 사오리의 양반 상놈이 동비들과 함께 사는 마을을 쓸어버려야 한다"고 했다. 그 삼백여년 전 임진란, 정유재란을 겪은 조선의 대신이 제 백성을 두고 왜병 앞에 이리 사뢸 일이던가.

*시천주조화정영세불망만사지(侍天主造化定 永世不忘萬事知)는 동학의 주문이다.

셋째 꼭지

다리

제비

며칠 내리 장대비
걸레 속옷 마를 새 없더니
황톳물 들판에 날아 앉는 두어 마리
백로야 반가워라
비 긋고 날 드는 줄 알겠다마는
제비 소식 감감이라

다리

세상은 강 건너 저편
건넛마을 건넛산 보기

아침저녁 산그늘 내리는
저마다 건넛마을 바라기

이건너 저건너 감아 떠돌다
돌아와 건넛마을 바라기

오늘은 장대비
황톳물 닥쳐구르는 다리에 서서

잠자리

비 긋자 잠자리 날고
해님도 얼굴 열고
저 건너 산허리 백로도 비껴나네
이슥고 풀벌레 울어대는 뒤꼍
여름 한나절

저 아련한 것이

저 아련한 것 무언가
들판 끝 물안개
안갯속 산울림
논틀 뜸북소리
하늘 끝 무지개
저 아련한 것이
떠난 임 옷자락가

기새꽃 울음 한 점
나비 날아앉는 대낮
적막 끝 저 아련한 것이

단속사 정당매

하늘은 옥녀봉 차진데
뫼자락 양지땀 마주친 저 돌탑아
즈믄해 하늘 오를 꿈
아직도 꿈이더냐

금계 단속 절마을
신충 이순 솔거 유정
옛님들 살았단 말
듣기 좋은 고운 말

정당문학 강회백 강항 선생 할아비
강하정 선비더러
단속사 정당매는 잘 있더냐던
임란적 일본땅 포로살이 보고서가
건차록인가 간양록인가

남명은 사람더러 굽음을 탓하지만
정당매 봄따라 일곱 백년 꽃피운 걸
옥녀봉 선돌 기슭에서 탑돌이나 매화돌이나

하늘걸개

저 걸개에 핀 말꽃을 보아라
하늘벽에 걸린 걸개
한그루 말꽃

하룻날 부산 소견

1.
광안리 연륙교 지나
신선대 이기대 앞 오륙도
절영도와 아치섬이 싸안은
부산포 안바다 여태 푸르다

짐배는 멀리 감만부두로 비껴가고
어디 이 항구 맛
도쿄 홍콩 싱가포르 바스라에 견줄까
탐정, 추리소설 널린 얘깃거리
황령산 물만골 돌아 연산동 군기사터 내린 날
시청마당 아이엠에프 벤치에
십년 만에 오늘 갈잎이 진다

2.
지하상가 신발가게 비닐구두 한 켤레
오래 신으라 뒷굽에 반달 박아주는
차이나 아씨 시집밥벌이
신기료 구두병원 구두약 가죽 냄새

어디서 히로뽕 달이는 냄새

말발굽 편자 달 듯
차고 긴 겨울길 나설 채비
값싼 비닐구두에 고무반달 박아신고
열심히 산 일밖에 없는 사람들
미국발 파산해일로 떨어져 내리는
갈잎 새로워

3.
바닷길 하늘길로는 모자라 아무래도
저 만주 찍고 시베리아 유럽가는
철길 뚫려야
11월 부산 등짝 덜 시리고
이땅 백성들 숨통 트일 듯

*아이엠에프 벤치는, 1998년 이후 외환위기 때 '공공근로사업' 일꾼들이 도시 주변 큰나무들을 베어 만들고 길거리에 두었던 장의자. 10년 뒤 미국발 금융해일이 휩쓴 때는 '희망근로사업'이라 했던가?

즉결 처형

그의 벌거벗긴 몸에 걸친
흰 팬티가 어느 나라 물건인지 궁금했다
그는 팔레스타인 자살폭탄 테러 용의자로서
이스라엘 경찰에 잡혀 깝데기를 벗긴 뒤 죽임을 당했
다
그러지 않았다면
적들과 함께 폭탄으로 터져 온몸 튀겼으리
사람들은 그 사진에 즉결 처형이라 이름붙인다

두 폭탄 비행기로 세계무역센터를 허문
9·11 배후라던가?
오사마 빈 라덴의 부인이란 이는
낭군이 아직 아프간에 계시리라 말했다는 보도가 있고
티베트 봉기 43돌이라는 3월 10일 언론들은
인도 뉴델리 거리에서
불꽃보다 붉은 오성홍기를 태우며
중국의 티베트 탄압에 항거하는
시위 사진을 내보인다

오늘 점심은 그런 얘기로 때운다

이른 봄날 삶과 죽음이 왜 이렇게
함께 사는 모습만 보이는가?
보복은 죽음만 낳는가?
저토록 처절할진대 오히려 삶을 낳는 것일 터
그의 팬티가 어디서 난 물건이든
네가 입은 무명옷이 어디서 났든

기벌포를 위하여

이제 징게맹게에 가지 않으리
소금 삭은 겨울 갯바람, 농약 찌든 여름 논바람
이제 저 외애밋들에 가지 않으리
앉으면 죽산 서면 백산 언덕도 깎이고
천년 넘게 출렁이던 벽골제 사라진 지 오랜 걸
내 이제 소스라쳐 서해안 고속길 타고
네 안 지날 때
눈감고 완도나 땅끝으로 내달리리
썩은 동진 망경물 막히고
거전 심포 해창 계화 너른 개펄
갯것 하나 살지 않는 갯가에 간들 무엇하리
다스릴 약도 없는
몸살이나 얻어올 것을
내 이제 그곳에 가지 않으리
날 일찍 새고 해 늦게 지는 그 긴 낮을
무엇으로 견디리
사람과 자연과 역사를 묻어버린 삿된 개발론자와
가라앉은 고을들이 서러울 뿐이라

신라, 되 황산 기벌포 들이닥쳐 부여백제 짓밟던
그날을 본 듯하여
다시는 징게맹게 큰들판에 가지 않으리

*기벌포:삼국지에, 소정방이 이끄는 십삼만 당군이 기벌포로 들어왔다는데, 부안의 옛이름이 '개부리'였고, 계화도의 옛이름이 '지화포'(只火浦·지불개)인 것으로 보아 기벌포는 오늘의 계화도를 싸잡은 물기슭 땅이겠다.
*징게맹게 외애밋들:김제·망경 들판은 이 배미 저 배미 할 것 없이 한 배미로 툭 터져 있다는 뜻.

아엠에프

장의자만 남기고
그는 물러갔다
비를 맞으며 길게 누운 정류장 벤치에서
너는 떠나가는 네 자리의 임자를 바라본다
그가 사라진 곳은
저마다 총총히 지나가는 사람들의 가슴이다
그들은 임자몸이 되어 새끼를 치거나
오랜 보균으로 괴로워할 것이다
그만큼 사람들은 모질어지고
어느 날 너는 다시 거대한 그늘로 자라
이땅을 덮을지 알 수 없는 이성의 씨앗들
그 빛나는 무기들
덧없이 떠나는 것이 아니라
노래할 수 없는 머묾과 이별들

거리에
숱한 장의자만 남기고 사라졌던 그들이 돌아온다
뉴욕 나스닥, 일본 자스닥, 상하이 차스닥이

서울의 코스피 코스닥을 흔들고
무슨 바람이 닥쳐온지도 모르고
흔들리다 찢겨내린 무수한 나뭇잎들이
장의자에 내려앉는다

아이엠에프는 그렇게 수시로 돌아오고 빠져나간다
돈놓고 돈먹기다

*아이엠에프는 '국제통화기금'이라고 하는데, 달리는 혹독한 국제 전당포라고나 할까. 1998년 즈음의 난리는 '외환위기'라는 말이 어울리는데, 그때 여기서 달러를 좀 빌렸다. 2008년엔 주택담보대출 남발로 말미암은 미국발 금융위기가 세계를 휩쓸었다. 이런 위기는 언제나 닥쳐올 수 있으며 우리 역시 거기서 벗어나기 어렵다.

그 말

이 세상 하많은 말 다 하여도
그 말 한마디는 할 수 없으리
이 세상 하많은 말 다 참아도
그 말 한마디는 참을 수 없으리
그 말 하면 네 죽을 일
그 말 못하면 내 숨질 일

옛집

갈라진 기와 틈새 빗물 스미고
곳간 헛간 기둥 벌집에 청마루 비바람
먼지 초롱 녹슨 화로
갈아끼고 메우고 닦느니 몇날 며칠
궤짝 속 좀먹은 공맹도 내어 말리고
전홧줄 글틀 꽂아 글단추 두드린들
풍월주 임맞이 어림이나 있을쏘냐

진주 소견

새벼리나 말티고개 너우니나 가마고개
울음바구 너머에서
손으로 와 임자 되어 사는 이가 많습니다
어느 날 임자 없는 손으로 와
열린 성가퀴에 턱을 괴면
늘 따뜻할 수만은 없던 남도의 햇살이
저 서북녘 잔돌마당 너머로 숨어듭니다
보랏빛 때로는 청색 그늘진 산하에
무엇이 저리 잔잔히 잠겨 있는가요
하긴 애기 우는 소리 아닌 총칼잡이에 잦아드는
함성이 있었대도
오늘 귀 열어 듣고 일어서지 못하는
못생긴 수제비 덩이들만
물바닥에 떼지어 널려 있는 듯도 합니다
또는 오래 외지에서 놀며
연못 밖으로 흘러가는 물이 되어서
땅과 사람 좋아하는 법을 알았을 때
이곳은 잠든 마을이 아니던가요

거리 끝에서부터 밤불이 타들어
그대의 손 그대의 꿈
새 되어 날아간 뒤라도
그냥 주저앉아 임자 되어 사는 그리운 임들
뒷날 나그네는 입 열어 또 무슨 한탄을 할까요

마음놓기

한 십년 마음 잃고
한 십년 마음 놓아
스무해 빈 마음 그 하찮음

독짓기 길쌈하기 적자치기도 길이었다
붉은칠 심심하면 먹자라도 치면서
길 내고 우물파기 쉽잖아
메뚜기 벼멸구 볏잎 갉아먹듯
거침없는 생글 그 글수다
불주둥이 던져 굽기
그러구러 십년

먹고사는 일념으로
잣고 나르고 풀질 손질 끝
도투마리 떠난 베 양잿물 빨랫줄 오가고
마름질 바느질에 강산조차
제빛 잃네

도시의 달

혼자 뜨고 혼자 진다
소나무 칠엽수 봄꽃 사이
밤은 가로등빛으로 몸 찢기고
포개진 상자 안에는
겹겹이 잠든 사람들
신문도 우유차도 오지 않는다
새벽 길바닥 소스라치며 달리는
자동차 소리
도시의 달은 그때 뜬다
남쪽 하늘에 매달려
봄날 새벽이다

광화문에서 · 1

광화문 근방에는 두 가지 눈이 온다
사람이 있을 땐 잿빛으로 내리고
저 혼자 누웠을 땐 흰빛으로 온다

광화문에 내리는 눈은 잿빛이다
저 혼자 누워 있을 여가가 없는 거리에는
잿빛 눈만 온다

광화문에 오는 눈이 잿빛으로 보일 때
광화문엔 눈이 오지 않는다
광화문에 눈이 오지 않는 날에
사람아 광화문에 가지 마라
온 세상 흰눈 오는 날
잿빛 거리에 재 하나 더 보탤 뿐이므로

광화문에도 흰눈은 온다
그대 재 되는 것 두렵지 않을 때
그대 마음 비웠을 때

그대 눈 감았을 때
광화문은 이제 아무것도 아니다
온누리에 펑펑 흰눈이 온다

광화문에서 · 2

사람아 때로는 고마움을 아는가
오월 하루 해질녘
세종문화회관 낮은 층계에 서보라
바람은 어느덧 모진 거리를 둥글게 감돌고
햇살은 서녘으로부터 긴 팔 뻗어
높은 집 영창도 부드럽게 쓰다듬나니
기다리던 사람은 악수를 하며 떠나고
빈자리는 금방 새 사람으로 채워진다
기다림이 이리도 포근한
어둠 주춤거리며 오는
오월 하루 해질녘
그렇다
그대 한 송이 꽃을 사 들고
늙은 스승을 찾아가라

광화문에서 · 3

약속의 땅은 이런 데가 아닌데
쉬 지나가고 오는 곳이라고
오늘도 여기서 당신을 기다린다
어제 내가 늦은 만큼
먼저 와 당신을 기다리다 보면
해는 지고 설핏 어둠 내린 거리에
별보다 먼저 불빛이 흐른다
섬지기 논 소출만 깔아부어도
모자랄 땅이다 어느 날 당신은
소리쳐 말했지만
알곡 한 알보다 더 작은 모습으로
길고 침침한 지하도를 건너
여윈 손을 흔들며 당신이 오고 있다
오늘따라 북악은 더욱 헐벗고
겨우내 언 몸통 뒤채어
몇 웅큼의 모래알을 떨구고
버릇처럼 어둠속에 목을 묻는다

광화문에서 · 4

서둘지 않아도 되리라
깊은 밤을 지나온 바람이
강 건너 와 닿지 않았느냐
그대 잠든 동안
저 물낯바닥을 얼어붙게 하던 바람을
몹쓸 것이라 하겠느냐
서둘러 눈을 뜨고 서둘러 눈 감는다고
풀꽃들을 나무랄 거냐
그 잦은 되풀이와 왕성한 새끼침을
끈질기다 천하다 짓밟겠느냐
꽃나무여 꽃나무여
서둘지 않아도 되리라
그대 가지 휘어잡아 깃발 달지 않으리니
잔물결 지으며 꼬리 사리는 저 바람 보고
뿌리 들썩이겠느냐
그러나 서둘러 꽃 피웠다 지우고
초록의 바다 저 지랄 같은 초록의 파도에
먹히는 나무여

광화문에서 · 5

여기서 당신을 찾으려 하는 것은
내 예서 잘못 사는 아픔 때문이다
기러기 떼지어 무성한 이웃들의
머리 위로 비껴 날아도
누구 하나 하늘 보지 않고
오늘도 이렇게 땅에서 몰려가고만 있다
몰려가는 이들 부르며 따라가다 보면
그들은 놀란 듯 되돌아서 몰려오고
나는 또 앞장서서 어디로 몰려가고 있는지
여기서 당신을 찾을 수 없는 것은
여기가 당신의 터전 아님이 아니라
내가 만들어 내가 속고 남을 속이는
당신은 나의 사기요 우상인 까닭이다

광화문에서 · 6

덕천강의 북쪽은 산청이었다
수학여행 기찻길의 북쪽은 청도 근처
산청과 청도가 북쪽의 끝으로 여겨지던
어린날의 북쪽은 깊이 모를 두려움이었다
적근산의 북쪽은 금성, 망원경 안의 거리를 오가는
수레와 트랙터와 군용차와
그들 계급장을 아침저녁으로 헤던
그때의 북쪽은 팔인치 포단이 불지를
삼십오도쯤의 하늘 저편이었다
하늘 저편은 언제나 숫자와 각도로 겨냥되고
우리는 위진지에서 안전했다
오늘은 네가 어찌 북쪽의 끝으로 서 있느냐
세종로 끝의 광화문아 백악아
닦아둔 위진지 하나 없는 오늘은
맨몸으로 네가 뿜어내는 바람을 맞는다
북쪽이여 여기서 믿음 하나 허물어지는 것처럼
그곳에서 내 허물어졌다 일어서 보지 못하고서는
이편처럼은 너를 사랑할 수 없구나
잘 자라는 세 글자 전보를 친다
그리고 북쪽병은 낫지 않는다

광화문에서 · 7

어리석은 사람아
사랑하며 살기도 어려운데
그대 미움은 어찌 그리 큰가
오직 잘살 일밖에 없는 나라에서

광화문에서 · 8

아무것도 사랑할 수가 없구나
다만 밤이면 어둠에 몸 맡겨 눕고
대낮엔 놀라 검은 애 널어 말릴 일
그리운 사람은 흩어지고
풀어놓은 마음 주워 담을 길 없는
그런 가슴으로 무얼 사랑한다느냐
네 가슴으론 사랑할 수 없느니라
네 메마른 입술로는
아무것도 말할 수 없느니라
비록 이 거리에서 사기꾼과 정욕의 자식들이
무궁화를 심고 베어낸 무궁화 그루터기에
진달래 접을 붙여 피거름을 뿌릴지라도
그래서 이 터가
버릴 것과 거둘 것 뒤섞여 널따란
우리들의 뒷마당일지라도
네 시린 손으로는 아무것도 쓸어 담지 못하리라
참으로 네 마음으론 노래가 멀구나
저 햇살 받아 저무는 땅과

몸으로 만나 부대끼며 실려 가는
가난한 이웃들조차
눈이 시어 바로 볼 수가 없구나

광화문에서 · 9

떠날 수 있는 이는 행복하다
이 몽매한 거리에서
쉽게 셈 맑힐 수 없는
식민지의 유산 널브러진 거리에서
전날 너와 나의 운명이 하나의 돌칼로 굳어서
오늘은 박물관 진열장에 누워 있는
삿된 운명으로부터
떠날 수 있는 이는 행복하다
또 다른 마을로
처자식 데리고 어버이를 찾으러
내일이면 너도 이 거리를 떠나리라
그러나 두려워라
진열장에 누워 있는 너와 나의 운명이 되살아나서
우리가 비운 거리를 차지하고
그 운명의 임자들 다시 불러
머리 조아리며 창부가 되어
몸 팔고 짓밟힐 일 새롭게 시작될 듯하여
떠났다 서둘러 돌아오는

아예 떠나지도 못한 채 서성이는
뭇 넋들이여

광화문에서 · 10

동무야
바다 건너 미국땅에서
일본사람 빌딩 몇 채를 지켜주며
한 달에 이천 불 받아 산다는
죽은 줄만 알았던 자네의 편지를 받고
나는 울었다
생각해 보아라
나는 진주로 가서 십년 뒤 여기 왔을 때
자네는 영 이땅을 떠났다
변소간과 부엌과 목욕탕이 붙어 있는
몰고기집 한 칸 얻기에 다시 십년을 보내고
아내는 이제사 입덧에 시달리고 있다
동무야
이젠 몸살나던 그리움도 물건너 가고
큰나라의 문명도 큰강과 큰산도 꿈꾸지 않는다
효도조차 못하며 살아가는 이 거리에서
값싼 술에 자주 취하고
입조심도 몸조심도 할 것 없는

막된놈이 되어서
동무야 이만하면
내가 우는 까닭을 알겠느냐
사람 많은 이땅을 떠난 자네의 애국이
새삼 눈물겨워지는데
혹 미군이 되어서 돌아올 원한이야

광화문에서 · 11

임은 어느 깊은 하늘에서
별빛으로 반짝이다가
이제 가까운 내 하늘에 와
온갖 것 되살리는
해로 뜨셨는가

빛해 억년의 어둠을 뚫어
빛살을 날렸으나
내 눈 멀어 임 못 봄을
먼 하늘에서 내려다 보시고
이제 이 땅 가난한 이의 하늘로
내려 오셨는가

그 먼 임 발자국 찍힌 하늘길이
이제사 선히 보이는데
머리 숙여 절하나
따뜻한 웃음으로 내
허튼 인사 막으시네

시렸던 가슴은 추억이 되고
그 가슴 너무 더울 양이면 잠시 물러
임의 몸짓따라 담금질 되니
아아 거듭된 불림과 담금질 끝에
내 가슴 견고한 별이 될거나
임과 한몸되는 해가 될거나

넷째 꼭지

가슴 작은이를 위하여

어둔 밤 먹자가 되어

궂은비 젖은 거리를 간다
젖지 않은 대문마다 먹칠을 하고
문패 없는 대문마다 먹칠을 하고
어둠을 이기어 먹을 간다

못난이는 나라 생각는 법 아니어
먹고 살 일 걱정도 진하거늘
어찌 역적을 가리는가
아무도 그대에게 구실 준 일 없는데
밤마다 먹통을 짊어지고
어둠속에서 태어나는 이여

새벽이 왔다 새벽이 왔다
별들 소곤대며 제자리서 숨고
나는 들었나 나는 보았다
쥐새끼도 부엉이도 시궁창으로 숲으로 숨은 뒤
집집마다 은밀한 걸레질 소리
골목마다 간밤의 먹칠 닦는 물소리

먹자는 한 번도 지워본 적 없는
언제나 검은 그의 집 대문을 들어선다
올 밤은 또 뉘집에 먹자를 쳐서
지울 줄 모르는 역적을 만날까

가슴 작은이를 위하여

네 가슴이 작아
세상을 다 울기에 터질 듯하거든
가슴으로만 말고 눈으로 입으로 하라
눈으로 입으로도 모자라거든
머리로 손으로 울라

그래도 모자라거든 가슴 작은 사람아
너를 떠나 남이 우는 데 가 보라
네 울음과 한가지의 울음이
문밖에 또한 가득차 시위처럼 넘치고 있어라

뜨겁던 울음도 흔한 울음 따라 하찮고
세상은 오히려 별빛보다 작으니
이윽고 가슴 텅 비고 울음도 말라
더는 울 수 없게 되어
밤거리에서도 부끄러워라
그대 오래 그런 마음으로 견뎌보라
작은 가슴과 마른 울음의 한켠에 서서

유폐幽閉 일기

- 그 하나

이슥토록 내 냉동의 살점이 떨어져 나간다. 구름이었다 갈기 산발한 채 달려가는 사자였다 등줄기를 더듬는 가을비, 온몸을 흔들어 물기를 털다 숲을 이루어 들을 건너는 그림자, 날름대는 혀의 벌판을 쓸어오는 빛바랜 목소리. 아아, 내 스스로는 일월이 될 수 없다. 그림자 길게 이승에 던지고 갈 뿐. 새벽녘 빈 어깨 하나가 기침소리로 동구밖을 나선다.

- 그 둘

물빛 새벽하늘 구름장 하나 쏟아버린 무위의 피는 아침 강물로 맨발의 익사체를 날라온다. 보아라 눈물 겨운 편견을, 웃음 한마디 허비 않고 버틸 때 먼 하늘의 하얀 손바닥 훑어 내린 육성들이 한줄기 눈물로 침수된다. 온몸을 접근해 오는 신열, 꿈의 오랜 유형을 싣고 작은 배는 검은 벽의 회랑을 빠져나간다.

목련

한밤에도 피어서 웃는 목련을 보았네
뉘에 보임이 아니라 내 그 곁에 가서 보았네
아아, 안으로 밝혀든 등불을 들어
내게로 건네주면 좋겠네
그 등불 받아들어 내 안도 밝히고 싶네

등불을 주네
하나를 주어 다 주었어도 밝은 얼굴이네

어느덧 한 아름 바람이 되네
이제 그 등불 방안에 걸어두고 올 수 있네
한층 높이 큰 그네의 허리를 감쌀 수 있기 때문이네

두견새

너는 울어서 오늘 또 하나의 전설을 만드느냐. 어제부터 솔잎은 붉어가고 있었다. 카랑한 솔잎 위에 얹힌 울음은 고막에도 튀어서 염통으로 간다. 움음은 칼날이 되어 쏟아지는 피. 심심산골에서 울던 새 오늘은 벌판으로 날아와 우는 새. 전설이 멀고 꿈이 가까운 것 아닌데 무엇인가 먼 것은 더욱 가까워서 이땅 한 청년의 얼굴이 어두워진다. 환한 대낮에 우는 새여 캄캄한 밤으로 우는 새여, 울음은 말한다. 한 청년의 귀를 베면서. 너희의 병은 메스날 하나로도 치유된다. 하나의 가위 하나의 가위 나의 울음, 피 묻은 귀 피 묻은 귀, 귀 하나의 아픔이 심심산골로 들어간다.

바다

1.

제왕의 빈손에 묻어오던 바다
사후의 용상을 물러서는 바다
한껏 증발한 바다에
수천 개의 새로운 섬이 솟고
일상의 해변이 깊이 내려뻗어
어족들이 떼지어 걸어다닌다
먼 언덕 풀잎들도 햇볕에 일어서고
바다 바닥을 쓸어오는 바람
마지막 남은 소금이 엄숙히 썩어갈 때
배들을 뒤집어 제각기 기둥을 내리고
처음으로 깊은 잠에 든 뱃사람들
어리석은 이 정수박에 물을 엎지르고
제왕의 빈손에 묻어오던 바다
사후의 용상을 물러서는 바다

2.
멀리서 너는 작은 신이었다
가까이서 너는 삽시간에 쏟은 내 평생의 웃음이었다
속에서 너는 끈질긴 웅녀의 가슴이었다
다시 멀리서 그대 제왕의 술잔에 설레는 법이여

의적처럼

바람이 몰고온 바다가 저만큼 버려져 있다
천만년을 두드려도 열리지 않는 성문엔
이끼만 피었는데
어디에 숨었느냐
후미진 해안 지키는 초병은
창날 끝에 파도 한닢을 찍어올린다
비로소 퍼들거리는 파도
삼월 보름달이 멱을 감는 바다 위에
가으로부터 조여들던 어둠이 멈추는 곳
드디어 수천 개의 눈을 뜨는 얼굴
다시 온 해변의 성문이 비껵이고
잠자던 수족들의 잠을 후려치면서
의적처럼 사형감私刑의 담을 헐어 수족들을 배불린다

꿈의 변조

- 그림자 하나

금방 막 다이너마이트가 터진 강변에
돔형의 건물 하나가 장난감처럼 굴러내린다
날이 선 바위들 위로 굴러온 것은 대학이라 한다
화려한 대낮이다

- 그림자 둘

물개였다
지폐를 물고 헤어간 것은.
물길 천리쯤 지났을까
처음부터 물개를 뒤쫓던 사람이 있었다
댐 한귀퉁이 방수로에는
물개보다 작은 구멍 하나
목을 들이밀었지만 몸은 빠져나가지 못한다
사람이었다

물개의 다리를 물어뜯고 있는 것은.

\- 그림자 셋

도와주세요
철책으로 둘러싸인 산
반쪽이 붉은 절벽으로 끊겨 있다
알루미늄 광산
갱구의 아치식 장식 위에
언어의 황금 위패가 걸려 있다
두어 줄 광맥은 있지만
도와주세요 곧 폐광이에요
광부들의 가족은 짐을 싼다
검은 부두를 파도가 핥고
도와주세요는
철책에 매달린 표어였다

\- 그림자 넷

손톱에서 돌비가 돋아나고 있었다
그 옆 푸른 나뭇잎 하나 피었다

삶 같은 것이 막 돌비 속으로 몰려가고 있었다
새의 눈알이 돌비에서 튀어나오고 있었다
그 법석임 속에 돌비는 자라나고 있었다
그리고 황갈색 나뭇잎 하나 피었다
돌비를 핥으면 혀끝으로 묻어나는 허무
허공에 박힌 붉은 별들이 내 어금니에 와서 씹히고 있었다
손을 흔들며 먼 산 모롱이를 돌아서는 죽음도 있다
어느 날 손가락 끝의 없는 중량
묻혀 있었다 돌비는
말의 쓰레기더미 속에서

밤 신기루

언젠가처럼 바닷바람은
뭍으로 올라와 북쪽으로 달려간다
녹슨 풍향계 새로 돌아
정북을 가리킬 때
부활처럼 홀로 나타난 사내
청사포에 마주선다
누워서 지낸 항해의 막막함 다음
지나온 뱃길 파도에 묻히고
기항지에 높이 뜬 북극성
사내는 배를 버리고 산마루로 달려오른다
그대 살아있는 증거로 찔린
옆구리 사이 넘나드는 바람과 파도
그날 저녁 사내는 피를 바다는 바람을
별과 어둠 너머로 풀어던졌다

내 마음의 호지胡地

눈먼 바람이 지나간다
어디 눈 떠 일어서는 풀잎 하나 없고
돌들만 날아와 들에 가득 넘치는
두고 다닐 데 없는 설움
휘고 꺾인 가지들 한발의 땅에
허이연 그림자를 기울이면
낮바닥을 낮추고 깊이 숨는 샘
갈 데 없는 너희는
딴 마을의 하늘에 가 비나 되어라

당신을 만났던 아득한 밤 새운 뒤
이랑마다 가득한 이삭들 눈먼 바람에 넘어지고
그 위 하늘은 거둘 것 없는 마음으로 밤이 된다
바람아 예저기 숨어서 우는 맹아마다 눈을 틔우고
그대도 눈 떠 물리칠
저 큰 황야를 보아라

나비의 비행非行

내가 육신의 허물을 벗고 그 언덕에 올랐을 때 이승이 아직 삭막한 중에 몇 송이 어린 꽃을 볼 수 있었다

그 꽃은 둔덕에 흔히 피어 옛 나의 육신에 뿌리를 내린 민들레쯤이나 되었을까 내가 다니는 하늘에 노란 얼굴을 내밀어 승천의 몸짓을 보이나 이승의 삭막을 더욱 참혹케 할 뿐이었다 나는 이것이 목숨의 고개를 넘는 첫 길목에 선 주막인양 한동안 머물러 앞날을 예비하고 아직 여린 날갯살에 바람을 모아놓지 않을 수 없었다 민들레가 문을 닫으려 할 즈음 나의 길 창망한 아지랑이 사이 언덕 넘어 강물 건너 산을 돌아 천의 꽃을 건너 뛰기 시작했다 어디를 가나 내 육신의 대지에 뿌리를 내리고 찬란한 하늘에 울음을 뿌리며 선 그들은 생명의 깊은 곳 내 육신의 고향까지 닿는 문을 열어주었다 문의 장식이 어지러워 지옥의 고뇌를 기억하게 하고 피의 고통을 되새기게 하여 나의 하늘을 버릴까

나는 무엇 하나 갈망하거나 목말라 하지 않고 나의 하늘과 꽃을 건너다녔다 탄생 또는 승천의 대지에 풍

성히 일어선 생명들이 나를 맞아 그칠 것 없던 나에게 저 육신의 소리를 들려주기 시작했던 것이다 그 고적과 허탈과 적막의 울림이 나의 하늘이나 꽃들의 문전을 어지럽히지 않고 싸늘하고 확실하게 저 육신의 어둠으로 길을 열어주는 것 이제 그 육신은 대지가 아니라 아득한 어둠 저편 무수히 반짝이며 손짓하는 허공의 별무덤들, 넋을 잃은 저들의 몸부림이 아수라의 암흑을 만들어 밤 호수에 숨는 수면하의 육신을 찾아 낮을 버리고 뛰어든다

아아, 육신을 버리고 꽃을 버리고 하늘을 버리고 별을 버린 나비는 무엇일까

그 해 장마

그 여름의 장마는 건질 것 없는 강물이 되어 흘러갔다
내 나라를 적시고 길을 적시고 그의 집 안방을 적시던 비는
수없이 많은 말을 죽이고 건혔다
파아란 창날처럼 내리꽂히는 빗방울마다
흐린 눈알이 번득였고
찌든 속성이 고개를 치켜들기 시작했고
무지한 발톱이 시꺼멓게 자라났고
어느 날 우리는 눈을 감았다
깊은 곳에서 문이 소리 없이 열리고 있었다
자욱한 창날 사이로 손바닥만한 문이 열리고
문 밖에는 형체 없는 풀잎이 흔들리고
그 안에는 젖내음 가득히 산모도 누워 있다
수많은 말 중에 몇 마디만
빛으로 녹아 하늘거리고 있다
그 여름의 장마는 미지의 지역으로 문을 밀어주었지만
문열지 않은 빗속에서 우리들의 눈은 그대로 굳어
허이연 목화씨로 죽어 있었다

내를 사이한 두 그루 느티나무

한 오백년이라 칠까
직녀는 하늘로 오르다 헛발 디뎌
금강산에서도 멀리 이곳에 떨어져
소문 듣고 달려온 견우 넋을 잃고 서서
눈먼 나무가 되었다
야지의 산천이 눈물을 흘려
그 앞에 내가 생기고
사람들은 내 건너 또 한 그루 느티나무를 세웠다

한 오백년이라 치자
냇물이 쳐다본 하늘은 붉기만 했다
두 그루 나무는 까치집 서너 개 얹고
건너편으로만 가지를 뻗고 있는데
저녁이면 까치떼가 날아 내리고
밤이면 은하의 별들이 숨어드는 것을
냇물이 허옇게 언 눈으로 바라보았다

견우일기

- 그 두 번째 날

이른 밤 내를 건너는
부엉이 울음

어제 보리갈이한 그대의 벌판에
내리는 밤비

빈방은 대낮처럼 허전하고
뉘집 찢어지는 라디오 속의 비명이
동구밖까지 가다가 멈춘다

방문 열고 바라본 어둠은
들만이 아니라 허리 편 농부들
근대의 불빛

주인이 없다
우리는 누웠다
들은 선다

- 그 세 번째 날

세라, 사랑은 영원한 것인가
그대가 자주 눈물짓듯
봄비가 온다
돌다리를 건너면
느티나무 한 그루
물젖은 하늘에 가지가 검다
세거리에서 땡비소주 한잔 들고
움막으로 들어설 때
생각했다
사랑은 영원할 수 없다고
영원한 것은 아무것도 없다고
갑자기 생각했다

나비와 탄약고

어느 날 너는 탄약고가 있는 언덕에 내려앉는다
비옷 입은 병사의 눈썹에 빗방울
한아름 안개가 물러가고
건넛산 허리엔 한 뙤기 새구름이 돋네

하늘 가까워 수정의 빗물 듣는데
검정나비야
병사의 총구 속에 혀를 묻네
숲속에 숨은 산나리 숨죽인 검은 지붕
병사가 쏜 탄알이 나비되어 허공에 서네

비 그치면 아카시아 그늘도 일어서고
총멘 병사도 떠나지만
검정나비야 언덕배기
탄약고 곁을 떠나지 않네

봄날에

세월이 흘러도 하 흘렀다

십년 또는 이십년 전쯤 당당하고 힘세어 초목도 흔들던 한 사내가 있었으니

세도도 가고 사람도 가고 아직 그 세도만큼이나 뻗뻗이 서 있는 시멘트 슬라브 이층집에 봄이 찾아와 볕바른 뜨락에 그 사내의 겨집이 할미되어 앉아있다

세상은 여직 수상하고 사람만 바뀌었을 뿐인데 지난 세월이 더럽고 어렵고 어두웠다고 뉘라 뒤돌아볼꺼나

호두알만큼이나 딱딱한 껍질을 입고 늙어왔음이 저러하였는지 할미는 한 광주리 호두알을 쏟아 하나씩 깨뜨리고 있다. 이제 가슴 속속들이 접어두고 키워온 뼈저림과 설움을 더 간직할 수 없어 비밀히 드러냄인가

한 사내의 겨집으로서 사내를 따름을 탓할 일 아니라 저리 깨끗하고 높은 백발을 볼라치면 누굴 욕하고 세상일 안다는 것이 이리 하찮은지….

저녁 거리에서

아무리 안으려 해도 안기지 않는
너는 커다란 보석이거나 무덤일 수밖에 없는가
스스로 일구고 파 들어앉는 오래 살아있는 거대한 무덤
조상의 꽃과 술잔이 이리저리 흩어지고
높은 어둠 저켠 불타는 머리칼을 날리고 있는데

오늘에 대한 그대의 찬양과 노래는 결국 무엇이란 말인가
어서 우리는 작은 밤을 벌어 떠나자
저마다의 뜨거운 염통으로 흐르는 핏줄 한 가닥을 따라
아무리 쪼개어도 쪼개지지 않는
뜻모를 슬픔처럼 또는 그런 뜻모름처럼
너와 나 그냥 작은 밤인 채로

가다 만나는 저잣거리에서
한 송이 꽃을 사 들고

괴로움도 한두 개 사 들고 가자
꽃은 그대의 작은 밤을 위하여
괴로움은 그대의 내일을 위하여
그리고 차가운 넋은 쉬어라
그대의 작은 언덕
아직도 열려 있는 그대만의 곳집에서

우리 안에서* · 1

한 번씩 살의를 느끼며 자리를 박차고 일어선다
그때마다 시퍼런 풀잎 한 움큼 쥐고 강둑에 올랐다
겁 없는 여름 비바람 들을 덮을 때
하구로 정렬한 수양버들 머리 풀어 허공을 때린다
아아, 강 건너 간 이
강둑에 서 있는 이가
어디 있느냐

*집짐승 우리.

우리 안에서 · 2

달이 있던 자리 구름이 와서
새벽 산천이 드러누운 채 비를 맞고 있다
바람은 어두운 산길을 지나가고
산은 개울에서 제 그림자를 걷어가고
상수리나무는 물 묻은 겨드랑이를 훔치고 있다
멀리 밤을 싣고 가는 열차
병사의 총구에서 금방 떠났다

무엇인가 분명해질 것 같은 새벽에
그러나 무수한 빗방울이
나뭇잎과 마른 땅을 피해
강물에 뛰어들 뿐이다

우리 안에서 · 3

안개 속에서 삭막 그대로의 들개 한 마리 울고 있다
자정엔 육탄으로 부딪쳐 오는 달빛에 서러워하고
검은 산 그늘 속을 헤매다
하산하는 어둠 따라
늪이 게워낸 안개 속에서
길길이 못 푼 속으로 태질하고 있다

우리 안에서 · 4

해를 삼킨 구릉 사이
탐욕의 구비를 돌아 흐르는 물
아이들이 맨발로 서릿발 돋은 들을 지난 뒤
몽정의 달빛이 발자국마다 고인다
욕망의 뼈를 씻어온 물이 그대와 만난다
담배 한 개비로 흔들리는 징금다리 건너
한마디 선명한 새울음
새꿈에 번뜩이는 그대의 창날이 난다
날 끝에 묻어나는 그대의 허무
새울음 한 마리로 모든 말들이 시살된다
어두워라 산 넘어간 아이들의 함성은
여전히 달빛을 앗아가고
허기진 구릉을 더듬던 물 언 채로 멈춘다

우리 안에서 · 5

삭풍이 내리덮치는 언덕 아래
푸르게 일어서는 치자나무숲을 본다
붉은 열매 말리며 가시 세운
냉감나무 덤불에도 눈보라 인다
목좁은 개천의 돌다리 아래
서러운 겨울 청보리 잎새에도
우수의 허리 가는 바람이 분다
얼어붙은 냇물아 어서 풀려라
치자꽃 피면 노랑치마 입고 배를 띄우마
너른바다 가서도 날 알아봐라

휴식

가을 벌판은 썰물진 갯바닥
포만의 돛배가 미끄러져 간 뒤
하늘은 저 만큼 멀다
언덕 위엔 새로운 창고가 서고
흩어진 들쥐들 불러들인 뒤
아아, 잿빛 기러기 허공을 가위질한다

뒷말

내놓고 끄적거리기를 비롯할 때가 1970년대 초반이다. 『풀과 별』(1973), 『시문학』(1974, 1975)들을 거쳐 이른바 문단에 나왔으나 눈만 높았지 손이 따르지도, 마음이 오달지지도 못했던바, 이는 그 자취로 묶은 『가슴 작은이를 위하여』(1989), 『그해 오뉴월 불가락지』(2011)가 있을 뿐인 걸 보면 알쪼다.

조직 생활에서 벗어나 몸과 마음이 좀은 느슨해진 즈음에야 성글게나마 마음 안팎을 살펴보게 된다. 부끄럽지만 그 자취가 이 『바람의 길목에서』다. 비록 노래말꽃 축에 끼워넣기 어려울 듯하나 이로써 시집으로 세 번째가 된다. 이를 엮게 된 것은 돌아와 사는 고장의 경남문화예술진흥원과 이웃들의 도움 덕분이다.

바람은 마음이다. 마음은 느낌과 생각과 뜻으로 나누어 그 속살을 풀이한다. 바람은 흐름이다. 불고 일고 휩쓸고 피고 들고 잔다고 하지만 제 본디 노릇은 흐름

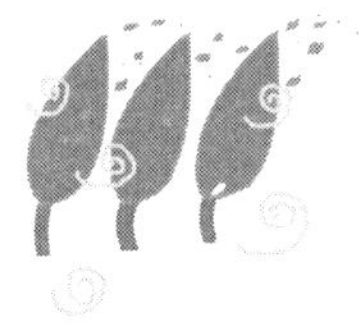

일 뿐이다. 그러니 마음은 흐름이다. 흐름은 움직인다. 바람은 몸 안팎을 가리지 않는다. 움직임과 고요는 한 가지다. 몸과 마음이 하나인 것과 같다. 나는 아직 느낌과 생각이라는 바람 동네의 들머리에 머물고 있다.

첫째 꼭지 '겨울'과 둘째꼭지 '바람의 길목에서'가 대체로 그런 눈에 걸려든 말들이다. 셋째, 넷째 꼭지는 예전에 썼던 것들인데, 전날 묶어낸 책에 보인 것도 보이지 않은 것도 있다. '바람'에 골똘하지 않았으면서도 바람 든 것들이 있어서 함께 묶었다. 젊음은 아득하고 어렴풋하며 어설프다. 그저 그런 자취들이다.

솔직하자 해도 사람노릇이 가로막는다. 나로서는 사람노릇이 말꽃을 피우는 데는 걸림돌이었다. 사람노릇이란 부끄러움을 알고 사는 것이다. 그래서 참된 것과는 사이가 있다. 엇나가는 현실과 맞서면서 생긴 미움의 자취들도 적잖다.

이제 더불어 사는 이의 짐을 벗어난 이쪽에서 현실과 자연을 새롭게 가다듬는 데로 이르렀으면 좋겠다. 삶이늘 꽃그늘 아래서 즐길 수만은 없는 것 아닌가. 새로운 마음의 길을 찾고 이웃들의 삶과 함께할 수 있으면 다행이겠으나 아직은 그저 바람일 뿐이다.

따로 풀이를 붙이지 않았다. 풀이를 해야 할 만큼 어렵거나 깊은 글들이 아닌 까닭이다.

2016년 7월

저자 최인호

국립중앙도서관 출판예정도서목록(CIP)

바람의 길목에서 : 최인호 시집 / 지은이: 최인호. -- 서울
: 교음사, 2016
p. ; cm

ISBN 978-89-7814-689-0 03810 : ₩8000

한국 현대시[韓國現代詩]

811.62-KDC6
895.714-DDC23 CIP2016018070

최인호 시집

바람의 길목에서

2016년 7월 25일 초판 인쇄
2016년 7월 30일 초판 발행

지은이 / 최인호
발행인 / 강석호

발행처 / 도서출판 교음사
편집 / 수필문학사 출판부

03147 서울 종로구 삼일대로 457 수운회관 1308호
Tel (02) 737-7081, 739-7879(Fax)
e-mail gyoeum@daum..net

등록 / 제300-2007-52호

* 잘못된 책은 바꾸어 드립니다. 값 8,000 원

ISBN 978-89-7814-689-0 03810

이 책은 경상남도 (재)경남문화예술진흥원 기금 일부를 지원받아 제작하였습니다.

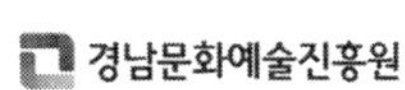

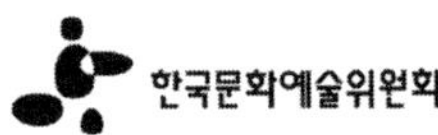